www.tredition.de

AF202632

Silke Strasser

Selbermachen - leicht gemacht II

Liköre, Schnäpse, Oxymele, Essige, Sirupe - die Kraft der Kräuter nutzen

www.tredition.de

© 2020 Silke Strasser

Verlag und Druck: tredition GmbH, Halenreie 40-44, 22359 Hamburg

ISBN
Paperback: 978-3-347-10961-2
Hardcover: 978-3-347-10962-9
e-Book: 978-3-347-10963-6

Selbermachen – leicht gemacht II

Liköre, Schnäpse, Oxymel und co. – Die Kraft von Pflanzen und Kräutern nutzen

Silke Strasser

Inhalt

Vorwort

In diesem kleinen Büchlein habe ich meine Lieblingsrezepte zusammengetragen.

Seit Jahren beschäftige ich mich mit Kräutern und ihrer Verwendung und ihrem Nutzen für uns Menschen. Ich bin immer wieder auf`s Neue fasziniert, welche Schätze die Natur für uns bereithält und wie einfach es ist, diese für uns zu nutzen.

Den Großteil der von mir in den Rezepten verwendeten Zutaten sammele ich selbst, wie zum Beispiel den Holunder, den Spitzwegerich oder die Gänseblümchen. Die in den einzelnen Rezepten verwendeten Kräuter wachsen bei mir im Garten und so kann ich mir auch sicher sein, dass sie frei von chemischen Mitteln sind, da ich meinen Garten rein biologisch bestelle. Auch bei den anderen verwendeten Zutaten achte ich immer darauf, dass sie biologisch sind und so wirklich die Natur in die Flasche kommt.

Sei es als Geschenk für Freunde, sei es als Geschenk für sich selbst, als Mitbringsel bei Einladungen – diese selbstgemachten Köstlichkeiten sind überall mehr als willkommen!

Rezepte für Liköre

Kräuterlikör

Zutaten:

3 Zweige Salbei

1 Zweig Rosmarin

1 Zweig Zitronenthymian

1 Zweig Majoran

1 Zweig Zitronenverbene

1 Esslöffel Kamillenblüte

200gr Zucker

1l Wodka

Alle Zutaten in ein Schraubglas oder eine Flasche mit weitem Hals geben und 2 Wochen an einem warmen, nicht sonnigen Platz ziehen lassen. Täglich einmal gut durchschütteln.

Nach 2 Wochen durch ein sauberes Tuch filtrieren und fertig ist dein selbstgemachter Kräuterlikör

Salbeilikör

Zutaten:

30 Salbeiblätter

5 Basilikumblätter

1 Esslöffel rote Pfefferkörner

250gr Zucker

1l Korn (38%)

350ml Wasser

Die Kräuter, die Pfefferkörner mit dem Korn übergießen und an einen warmen, sonnigen Platz stellen. Nach 1 Woche, täglich schütteln nicht vergessen, durch ein sauberes Tuch filtrieren.

Das Wasser zum Kochen bringen, den Zucker beifügen und auflösen. Abkühlen lassen. Anschließend mit dem Kräutersatz gut vermischen und abfüllen. Nun darf dein Salbeilikör 2 Monate ruhen, um sein volles Aroma zu entwickeln.

Ringelblumenlikör

Zutaten:

2 Hand voll frische Ringelblumenblüten

1 Bio Orange

1 l Wodka

200gr Zucker

1 Vanilleschote

1 Stück Sternanis

3 Gewürznelken

1 Stange Zimt

Alle Zutaten in ein Schraubglas oder eine Flasche mit weitem Hals geben und 3 Monate an einen warmen, sonnigen Ort stellen. Täglich einmal liebevoll schütteln. Nach drei Monaten durch ein sauberes Tuch filtrieren und danach nochmal 4 Wochen ruhen lassen.

Rotweinlikör

Zutaten:

1 L Bio Rotwein

50dag Honig (oder 70 dag Vollrohrzucker)

2 Stück Zimtrinde

3 Gewürznelken

1/8 l Rum

½ l Schnaps (Korn 38%)

1 Pkg Vanillezucker

Den Rotwein mit dem Honig, der Zimtrinde und den Gewürznelken aufkochen lassen, den Vanillezucker bei fügen und auskühlen lassen. Danach fügst du den Rum und den Schnaps dazu, mischt alles gut miteinander und füllst es in Flaschen ab. 1-2 Monate sollte er jetzt ruhen

Gänseblümchenlikör

Zutaten:

1l Korn

30 Gänseblümchenblüten

80gr Honig

Den Honig mit dem Schnaps erwärmen. Die Blüten in ein Schraubglas oder eine Flasche mit weitem Hals geben und dem Schnaps-Honig-Gemisch übergießen. 2-3 Wochen reifen lassen und danach durch ein sauberes Tuch filtrieren.

Salbei-Lavendel-Likör

Zutaten:

50 Blätter Salbei

3 Stück Salbeiblüten

10 Stück Lavendelblüten

0,75l Korn (38%)

1 Tasse brauner Zucker

Alle Zutaten in ein Schraubglas oder eine Flasche mit weitem Hals geben und 12 Tage an einem hellen, warmen Ort stellen und täglich einmal liebevoll schütteln. Danach weitere 6 Wochen an einem dunklen Ort ziehen lassen.

Durch ein sauberes Tuch filtrieren und fertig ist ein wunderbarer Likör.

Rezepte für Schnäpse

Holunderschnaps

Zutaten:

15-20 Holunderblütendolden

1l Mineralwasser (mild)

500g Zucker

40 gr Zitronensäure

2 l Korn (38%)

Die Holunderblütendolden waschen und in einem Topf mit dem Mineralwasser übergießen und für 2 Stunden ziehen lassen.

Danach den Zucker, die Zitronensäure und den Korn dazu geben, gut durchrühren und für 15 – 24 Stunden ziehen lassen. Danach abfüllen und fertig ist dein selbstgemachter Hollerschnaps.

Marillenschnaps

Zutaten:

1kg reife, schöne Marillen (ohne braune Stellen)

150gr Kristallzucker

1,5 l Korn oder Wodka

Marillen waschen und in kleine Stücke schneiden, die Marillenstücke mit dem Zucker in ein Schraubglas oder eine Flasche mit weitem Hals füllen und mit dem Korn übergießen.

An einem warmen und sonnigen Ort für 2-3 Wochen ziehen lassen und immer wieder sanft schütteln.

Danach filtrieren und in Flaschen abfüllen und nochmals für 2-3 Wochen diesmal aber kühl und dunkel ruhen lassen.

Die Marillenstückchen kannst Du zu Marmelade weiterverarbeiten oder aber auch in eine Bowle geben.

Quittenschnaps

Zutaten:

1 kg Quitten

Saft einer Zitrone

200gr weißer Kandiszucker

1 l Korn

250ml Wasser

Die Quitten mit einem Tuch abreiben, waschen und in Spalten schneiden. In ein Schraubglas oder eine Flasche mit weitem Hals geben, den Kandiszucker dazugeben.

Das Wasser aufkochen lassen und darüber geben, mit dem Schnaps aufgießen und an einem dunklen und warmen Ort für 4-5 Wochen ziehen lassen.

Danach filtrieren und in saubere Flaschen abfüllen.

Die Quittenstücke kannst du zu Marmelade weiterverarbeiten.

Kräuterschnaps

Zutaten:

3 Lorbeerblätter

3 Gewürznelken

1 Vanilleschote

1 abgeriebene Schale einer Zitrone

400ml Wasser

1 l Korn

1 Prise Anissamen

2 Tl Fenchelsamen

1 EL Kamilleblüten

40gr Minzeblätter

4 gr Salbeiblätter

3 gr Liebstöckelblätter

4 gr Thymian

1 Stange Zimt

200gr Rohrzucker weiß

Alle Kräuter in ein Schraubglas oder eine Flasche mit weitem Hals füllen und mit dem Korn übergießen. Für 5 Wochen an einem dunklen und kühlen Ort ziehen lassen.

Danach das Wasser mit dem Zucker aufkochen, erkalten lassen und zum Kräuteransatz dazugeben. Für weitere 2 Wochen ziehen lassen.

Danach durch ein sauberes Baumwolltuch filtrieren und abfüllen.

Du brauchst zwar mehr Zutaten als bei den anderen Rezepten, aber ich garantiere Dir, es zahlt sich aus!

Limoncello

Für den Zitronenansatz:

Schalen von 5 Biozitronen

500ml 90% Weingeist

Die Zitronenschalen und den Weingeist in ein Gefäß geben und mit einem Tuch zugedeckt für 8-10 Tage an einem nicht zu hellen Ort ziehen lassen.

Danach für einen 19,5% Alkoholanteil wie folgt weiterverarbeiten:

2 l Wasser mit 350gr Zucker aufkochen lassen und für ca. 10 Minuten zu einem Sirup einkochen lassen und abkühlen. Den Liköransatz filtrieren und mit dem Zuckersirup übergießen.

Abgedeckt 1 Tag ziehen lassen und anschließend abfüllen und für 1-2 Wochen kühl und dunkel ruhen lassen.

Honig- Ingwer- Schnaps

Zutaten:

100gr Ingwer

150gr Honig

130ml Wasser

600ml Wodka oder Korn

Saft 1 Zitrone

Den Ingwer waschen, schälen und in kleine Stücke schneiden. Mit dem Wodka übergießen und 2 Wochen kühl und dunkel ziehen lassen.

Danach den Ansatz filtrieren. Die Ingwerstückchen mit Wasser, Honig und Zitronensaft in einem Topf kurz aufkochen lassen, abkühlen und mit dem Wodka-Ingwer-Ansatz vermischen. Nochmals 2 Wochen ziehen lassen. Filtrieren, in saubere Flaschen abfüllen und fertig.

Ingwerschnaps (einfach)

Zutaten:

150gr kandierter Ingwer

1 Flasche Wodka

Den kandierten Ingwer mit dem Wodka übergießen und für 6 Wochen an einem kühlen und dunklen Ort ziehen lassen.

Danach filtrieren und in saubere Flaschen füllen.

Das ist ein wirklich sehr einfaches Rezept, jedoch sehr schmackhaft im Ergebnis.

Rezepte für Oxymele

Der Sauerhonig oder Oxymel ist ein bereits seit der Antike bekanntes Heilgetränk und Stärkungsmittel.

Die Zubereitung ist denkbar einfach, denn ich nehme immer 2 Teile Apfelessig, 6 Teile Honig und 1 Teil der von mir je nach Bedarf ausgewählten Kräuter, vermische das Ganze und lasse es für 4 Wochen an einem dunklen Ort ziehen.

Erwachsene nehmen 2-3 Esslöffel Oxymel aufgelöst in Wasser und trinken es ½ Stunde vor dem Essen.

Kinder nehmen 1-2 Esslöffel Oxymel aufgelöst in Wasser oder Fruchtsaft.

Oxymel gilt als guter Ersatz für Tinkturen – zum Beispiel Spitzwegerich – Oxymel, als isotonischer Durstlöscher oder als erfrischendes Getränk.

Es enthält je nach Auswahl der Kräuter, Mineralien, Spurenelemente, Vitamine, die der Körper braucht, um gesund zu bleiben.

Alle Oxymel –Mischungen sind bis zu 1 Jahr haltbar.

Spitzwegerich- Oxymel

Zutaten:

6 Teile Honig

2 Teil naturreiner Apfelessig

1 Teil Spitzwegerichblätter

Honig und Essig gut miteinander vermischen (Du kannst es auch erwärmen, dann vermischt es sich leichter). Die Spitzwegerblätter in ein Schraubglas oder eine Flasche mit weitem Hals geben und mit dem Honig-Essig-Gemisch übergießen.

4 Wochen an einem dunklen Ort ziehen lassen und täglich 1 Mal liebevoll schütteln.

Danach durch ein sauberes Tuch filtrieren und abfüllen.

Zitronen-Ingwer-Oxymel

Zutaten:

2 Bio Zitronen

10 Zweige frischer Thymian

50gr frischer Ingwer

625 gr Honig

225gr Apfelessig (mindestens 2% Säure)

Die Zitronen auspressen und den Saft, mit den Kräutern zusammen in ein Schraubglas oder eine Flasche mit weitem Hals füllen.

Essig erwärmen und den Honig darin auflösen. Anschließend zu den Kräutern füllen und für 4 Wochen an einem dunklen Ort ziehen lassen. Danach durch ein sauberes Baumwolltuch filtrieren und abfüllen.

Minze-Kamille-Lavendel- Oxymel

Zutaten:

1 Hand voll Kamilleblüten

1 Hand voll Lavendelblüten

1 Hand voll Minzeblättern

600gr Honig

200 gr Apfelessig

Den Apfelessig erwärmen und den Honig darin auflösen. Die Kräuter in ein Schraubglas geben und mit dem Apfelessig-Honig-Gemisch übergießen. 4 Wochen an einem dunklen Ort ziehen lassen und 1 Mal täglich schütteln. Danach filtrieren und in sauberen Flaschen abfüllen.

Sanddorn-Kurkuma-Oxymel

Zutaten:

3 Hand voll Sanddornbeeren

2 EL Kurkuma

600gr Honig

200gr Apfelessig

Die Sanddornbeeren pürieren, mit dem Kurkuma vermischen. Apfelessig erwärmen und den Honig darin auflösen. In einem Schraubglas alles miteinandervermischen und an einem dunklen Ort für 4 Wochen ziehen lassen. Immer wieder mal schütteln. Filtrieren und in sauberen Flaschen abfüllen.

Holunder-Gänseblümchen- Oxymel

Zutaten:

4 Holunderblütendolden

2 Hand voll Gänseblümchen

600gr Honig

200gr Apfelessig

Apfelessig erwärmen und den Honig darin auflösen. Die Holunderblüten und die Gänseblümchen in ein Schraubglas füllen und mit dem Essig-Honig-Gemisch übergießen. An einem dunklen Ort für 4 Wochen ziehen lassen. Danach filtrieren und in saubere Flaschen abfüllen.

Kamille-Ingwer-Oxymel

Zutaten:

2 Hand voll Kamilleblüten

10 Gewürznelken

2 cm Ingwer

½ Zimtstange

600 gr Honig

200 gr Apfelessig

Den Apfelessig erwärmen und den Honig darin auflösen. Die Kräuter in ein Schraubglas geben und mit dem Apfelessig-Honig-Gemisch übergießen. Für 4 Wochen an einem dunklen Ort ziehen lassen. Täglich 1 Mal schütteln. Danach filtrieren und in saubere Flaschen abfüllen.

Kapuzinerkresse – Oxymel

Zutaten:

2 Hand voll Kapuzinerkresseblüten

2 Hand voll Kapuzinerkresseblätter

600gr Honig

200 gr Apfelessig

Die Blüten und Blätter in ein Schraubglas geben. Den Apfelessig erwärmen und den Honig darin auflösen. Die Blüten und Blätter damit übergießen. Für 4 Wochen an einem dunklen Ort ziehen lassen. Danach filtrieren und in saubere Flaschen abfüllen.

Rezepte für Essige

Holunderblüten Essig

Zutaten:

2-3 Holunderblütendolden

500ml Weißweinessig

1 Hand voll Pfefferkörner

Alle Zutaten in ein Schraubglas oder eine Flasche mit weitem Hals füllen und 5-6 Tage ziehen lassen. Danach durch ein sauberes Leinentuch filtrieren und abfüllen.

Lindenblüten –Essig

Zutaten:

2 Hand voll Lindenblüten

1 EL Honig

500ml Weißweinessig

Zutaten in ein Schraubglas oder eine Flasche mit weitem Hals geben und 6 Tage ziehen lassen. Danach durch ein sauberes Tuch filtrieren und abfüllen.

Salbei- Gänseblümchen – Essig

Zutaten:

6 Stängel Salbei-Blüten

15 Gänseblümchenblüten

1 Stängel Lavendelblüten

1 l Weißweinessig

Alle Zutaten in ein Schraubglas oder eine Flasche mit weitem Hals geben. An einem hellen, warmen Ort für 1-2 Wochen ziehen lassen.

Danach durch ein sauberes Tuch filtrieren, abfüllen und schon hast du einen wunderbaren Essig

Rosmarin – Essig

Zutaten:

3 Zweige Rosmarin

1 Chilischote

8 Pfefferkörner

750 ml Weißweinessig

Alle Zutaten in ein Schraubglas oder eine Flasche mit weitem Hals geben und an einem hellen, warmen Ort für 1-2 Wochen ziehen lassen.

Danach durch ein sauberes Tuch filtrieren und abfüllen.

Kräuter- Essig

Zutaten:

3 Zweige Rosmarin

2 Zweige Salbei

6 Zweige Thymian

1 kleine Ingwerknolle geschnitten

Die Kräuter und den geschnittenen Ingwer in ein Schraubglas oder eine Flasche mit weitem Hals füllen. Den Essig erwärmen und über die Kräuter gießen.

Nun 2 Wochen an einem kühlen und dunklen Ort ziehen lassen.

Danach durch ein sauberes Tuch filtrieren und abfüllen

Kapuzinerkresse Essig

Zutaten:

1 – 2 Hand voll frische Kapuzinerkresse Blüten

500ml Apfelessig naturtrüb

Die Kapuzinerkresseblüten in ein Schraubglas oder eine Flasche mit weitem Hals füllen und mit dem Apfelessig übergießen. Nun an einem hellen, warmen Ort für 4 Wochen ziehen lassen.

Danach durch ein sauberes Tuch filtrieren und abfüllen.

Rezepte für Sirupe

Orangensirup

Zutaten:

3 Bio Orangen

1 Limette

300g Zucker

8 Stück Sternanis

8 Stück kardamonkapseln

3/4l Wasser

Die Orangen und die Limette in Stücke schneiden und mit den restlichen Zutaten in einen Topf geben und für 30 Minuten einkochen lassen.

Anschließend abseihen und abfüllen.

Zitronen-Thymian-Sirup

Zutaten:

3 Bio Zitronen

2 Hand voll Thymian

2 Hand voll Zitronenthymian

300g Zucker

1 l Wasser

Das Wasser mit dem Zucker aufkochen und abkühlen lassen.

Thymian, Zitronenthymian klein schneiden und in ein Schraubglas oder eine Flasche mit weitem Hals füllen und mit dem Zuckerwasser übergießen. 2 Tage gekühlt ruhen lassen. Danach durch ein sauberes Tuch filtrieren. Die Zitronen auspressen und die Schale klein schneiden. Das Thymian-Zucker-Wasser in einen Topf geben, die Zitronenschale dazu geben, erwärmen und 10 min zugedeckt ziehen lassen. Danach den Saft der Zitrone dazu fügen, abkühlen lassen, abseihen und abfüllen. Fertig ist der erfrischende Sirup!

Zitronensirup

Zutaten:

10 Biozitronen

20 dag Zitronensäure

2 l Wasser

2 kg Zucker

1 Messerspitze Ingwer

1 Prise Zimt

Die Zitronen auspressen und den Saft und die Schalen in einen Topf geben, mit dem Wasser übergießen. Zucker und Zitronensäure dazu geben und aufkochen lassen. Für 10 Minuten leicht köcheln lassen. Über Nacht zugedeckt ziehen lassen.

Danach abseihen, den Ingwer und den Zimt dazu geben. Nochmals aufkochen lassen und in Flaschen abfüllen.

Rosenblütensirup

Zutaten:

2 Hand voll duftender Rosenblüten

1 Bio Zitrone

500gr Zucker

0,5 l Wasser

Von den Blütenblättern die weißen Blütenböden abschneiden. Die Blütenblätter in einen Topf geben und mit heißem Wasser übergießen. Einmal aufkochen und dann gut verschlossen für 10 Minuten ziehen lassen.

Danach abseihen. Das Blütenwasser mit Zucker und Zitronensaft nochmals aufkochen, eindicken lassen und abkühlen. Danach in Flaschen abfüllen.

Lavendel –Sirup

Zutaten:

4 Hand voll frischer Lavendelblüten

300 gr Zucker

3 Bio Zitronen

1 L Wasser

Das Wasser mit dem Zucker aufkochen lassen und danach abkühlen lassen.

Die Lavendelblüten in ein Glas füllen und mit dem Zuckerwasser übergießen und über Nacht kühl ruhen lassen.

Danach abseihen, die Zitronen auspressen und die Zitronenschale zum Lavendel-Zucker-Wasser geben. Erwärmen und für 10 Minuten ziehen lassen. Den Zitronensaft dazu geben, abkühlen lassen und abfüllen.

Nachwort

Ich hoffe, dass Du genauso viel Freude beim Lesen, Ausprobieren und vor allem auch beim Kosten hast, wie ich beim Aussuchen und Niederschreiben der einzelnen Rezepte.

Die Natur ist für mich immer wieder wie eine große Schatzkiste, in der es immer wieder Spannendes und Köstliches zu erleben und zu genießen gibt.

Alle Rezepte in diesem Büchlein wurden von mir selbst mehrfach erprobt, jedoch falls du gegen eine der Zutaten allergisch sein solltest, bitte sei Dir bewusst, dass Du diese Rezepte auf eigene Gefahr nachmachst.

Ich wünsche Dir von Herzen viel Freude beim Sammeln der Zutaten, beim Zubereiten, beim Kosten oder Verschenken an Freunde!

Silke (Scio/Luna^{e}Sole)

Juli 2020

Verwendete Literatur

Dr. Ute Künkele & Till R. Lohmeyer, Heilpflanzen & Kräuter, Parragon Verlag

Manfred Neuhold, Das Kräuter ABC, Edition Kleine Zeitung, 2018

Prof. Hademar Bankhofer, Kräuterliköre & Kräuterschnäpse als Hausmittel, Kneipp Verlag, 2007

Alle Fotos copyright by Silke Strasser

Zeitfracht Medien GmbH
Ferdinand-Jühlke-Straße 7
99095 Erfurt, Deutschland
produktsicherheit@kolibri360.de